O Amor é Como Fogo Um Poema Clássico

O Amor é Como Fogo
Como Fogo o Amor é.

Muito grandioso é o
acalorado amor.

Pois a bela formosa já
minha amada de agora.

Quero tê-la por todos os
meus dias nesta terra.

Minha vida.
Tenho mimos para ti.

Eu sou Inácio.
Um homem sóbrio.

Maravilhosa tu és, querida
Ana Flor.

Tenho você em meu santo
coração.

Minha alma não sabe de
algum modo viver sem ti.

Guardo-a dentro de mim
sempre em todo tempo.

Nosso amor é quente que
parece até fogo.

Sinto grande inspiração
num grande amor assim.

Somente tu és linda para
mim em meu universo.

Te declaro com súplicas que
não vá embora jamais.

Sem o teu amor eu sou
como uma ovelha perdida.

Não saberei viver sem ti,
amada Ana Flor.

Me apego aos teus costumes
quando penso em você.

Minha fonte amorosa
transborda agora.

Voltarei vivo das minhas
guerras para ficar contigo.

Cumprirei minhas promessas
sobre ficar contigo.

Me arrependo de não tê-la
conhecido antes.

Sou muito apaixonado pelo
teu jeito de ser.

Penso o tempo todo em ti,
amada do meu coração.

Aqui em casa, nas ruas do
meu bairro e até no trabalho.

Todo lugar onde estou não
deixo de pensar na sua face.

Especial és demais para
minha vida.

Ana Flor...
Moça dos sonhos meus.

Te vejo no álbum.
Te assisto nua para mim.

Suas entregas me pegam
de surpresa.

Fico sem saber o que fazer.
Repito algumas frases.

Querida Ana Flor...
Oh, minha querida Ana Flor...

Tenho planos junto a ti...
Pretendo casar contigo.

Nossa casa será uma grande
mansão, cheia de pássaros.

Teremos também um bonito
jardim recheado de rosas.

Vasos com enfeites variados
teremos em casa.

No frio do inverno me cubro
no cobertor em sua ausência.

E os calores de verão me
fazem ir até você facilmente.

Aproveito este calor tornando
meu amor como fogo.

Já nos dias frios tento
aquecer o meu coração.

Aquecê-lo como numa
bendita lareira.

Lembro dos meus tempos
quando era criança.

Eu sempre te via passando
pela rua sem conhecê-la.

Tu olhava para meu rosto e,
logo sorria apaixonadamente.

Bem distante ficávamos um
do outro.

Até o dia que você me chamou
para brincar junto contigo.

Carinhosamente, me chamava:
— Menino... Vamos Brincar..?

E eu respondia:
— Vamos, claro...

Brincávamos com casinha de
brinquedo e a boneca dela.

Usávamos a casinha para
fingir ser marido e esposa.

A boneca era nossa filhinha.
Nossa menina dos olhos.

Mas brincávamos também
de piques.

Pique-cola, pique-pega, pique-
esconde.

Às vezes acontecia paquera
entre nós.

Assim como a primeira vez
quando eu a vi...

O flerte entre nós acontecia
sempre quando eu a via.

Ainda pequeno conheci o amor
da minha vida tão próximo.

A gente não conseguia revelar
que gostava um do outro.

Por sermos pequeninos,
faltava a maturidade.

Porém, os olhares revelavam
o nosso pequeno grande amor.

O tempo passou...
Crescemos na mesma rua.

Entretanto, ela se mudou
repentinamente.

Fiquei durante anos sem
ver a minha amada.

Passados uns anos eu a vi
novamente na vila.

Estava voltando para morar
na casa de onde saiu.

Tinha companhia.
Um namorado junto a ela.

Senti ciúmes.
Pensei comigo...

— Meu Deus!
— E agora?

Posso ter perdido meu amor para sempre.

— O que eu farei sem ter por perto meu porto seguro?

Minha esperança nesse amor pode se acabar.

Desejei comigo felicidades na vida dela mesmo sem tê-la.

Queria o bem dela, igualmente sentia em relação a mim.

Não hesitava em pensar
naquela garota.

Até quis esquecer.
Tive pouco sucesso nisto.

Cheguei a uma conclusão:
Teria de conviver com isso.

E o tempo passava.
Guardava aquilo comigo.

A única pessoa que amei foi
Ana Flor.

Ninguém entrava no meu
coração.

Eu queria ter outra mulher
em mente.

O amor não se escolhe.
Quando ele vem, está.

Até quando se ama alguém é
preciso respeitar escolhas.

Mesmo sabendo do meu
prejuízo.

Sabia que mesmo não a tendo
deveria aceitá-la com outro.

Amar significa tolerar e não
somente ter para si.

Pois nem sempre é possível
ter quem amamos.

Embora amar não seja algo
resumido apenas em perdas.

Amor não seria amor se
fosse limitado a ter alguém.

O amor se baseia em gostar,
respeitando quem se ama.

Um dia desses a vi passando
com seu namorado na rua.

Nos cumprimentamos.
Ana Flor parecia abatida.

Se passaram uns dias...
Logo, soube da sua separação.

Ana Flor estava infeliz com
seu namoro.

Seu namorado queria cuidar
de tudo na vida dela.

Determinava a roupa certa
para Ana vestir...

Controlava os amigos que
andavam com ela.

Foi aí, depois de muita briga
que ela deu um basta.

Ana Flor teria dito para ele
muitas vezes o mesmo...

Que ele não pode ser dono
da vida dela.

O rapaz continuava, tentando
mudá-la.

Então, Ana decidiu acabar
a relação.

Tive novamente esperança.
Voltei a ter brilho nos olhos.

Vendo ela perto do meu
portão, questionei:

— Ana Flor!
— Tudo bem contigo?

A mesma disse:
— Estou bem, Inácio.
— Na verdade eu nunca amei aquele cara.
— E além disso, não foi bem uma separação.
— Nós só éramos namorados.
— Apenas me livrei de um peso mesmo.

Lamentei por ela:
— Sinto muito, Ana.

Ana me contou:
— Não precisa lamentar
por mim.
— Isto vai passar, Inácio.
— Acho que nessa vida
amei somente uma pessoa.

Curioso, perguntei:
— Quem?

Ana declarou:
— Amo você.
— Consigo enxergar isto
somente agora.
— No fundo sempre sentia
esse amor mas, nunca admiti
como estou fazendo agora.

— Você lembra do nosso tempo quando éramos crianças?
— De como nos olhávamos?

Eu disse:
— Lembro de tudo.
— Mas assim que crescemos, você mudou-se.
— Conheceu outra pessoa.
— Seu amor por mim esfriou.
— Mas não acabou.
— Vejo agora nosso amor ser como algo eterno.

Ana Flor concordou comigo.
Fomos feitos um para o outro.

À partir dessa conversa
decidimos namorar.

Comemorei...
Agora meu mundo se torna
mais feliz.

Nosso amor esquenta de
novo, como fogo.

Passamos observar pela
noite juntos as estrelas.

Tudo mudou quando nos
unimos para sempre.

Contei sobre meus planos
para com ela...

Nos casamos...
Comprei uma mansão.

Tivemos dois lindos filhos.

Um menino, chamamos Jonh.
E uma menina, pelo nome
Joana.

O amor reina para sempre.
Nada acaba com um amor.

Nosso Amor é Como Fogo...
Felizes Para Sempre...

FIM

www.ingramcontent.com/pod-product-compliance
Ingram Content Group UK Ltd.
Pitfield, Milton Keynes, MK11 3LW, UK
UKHW040020200726
13854UKWH00001B/286

9 798210 109019